Marion Jana Goeritz

Zentrifuge

Bibliografische Information der Deutschen Nationalbibliothek:

Die Deutsche Nationalbibliothek verzeichnet diese Publikation in der Deutschen National-bibliografie; detaillierte bibliografische Daten sind im Internet über http://dnb.dnb.de abrufbar.

© 2016 Marion Jana Goeritz

Coverbild: Marion Jana Goeritz

Herstellung und Verlag: BoD – Books on Demand, Norderstedt

ISBN: 978-3-7412-4011-9

Herzlich Willkommen liebe Leser,

Gedanken, Gefühle gelangen ins Außen, und doch bleibt von ihnen auch etwas in mir zurück. Ganz in meiner Mitte.

Die Zentrifugalkraft, ich möchte sie nicht begrenzen. Sie dient der Stofftrennung und somit schafft sie Klarheit.

Herzlichst
Marion Jana Goeritz

Sei wie ein Kompass
dein Gefühl die Nadel
sie zeigt dir an
wie du deinen Weg finden kannst

Der Wind im Haar
er spielt mit weißen Perlen
es klingt
wie eine Sehnsuchtsvolle Melodie
aus alten Tagen
der Wind auf der Haut
er flüstert leise
lass ihn gehen
es hört sich an
wie wahre Worte
der Wind auf dem Meer
er spielt mit den Wellen
lässt sie hoch leben
sie hat es geglaubt

Warum

denke ich an Morgen

meine Hand

wird sie gehalten

werde ich noch mit dir sein

warum

denke ich an Morgen

mein Herz

wird es noch fragen

meine Seele wird sie noch fühlen

warum

denke ich an Morgen

meine Träume

werden sie leben

meine Angst

wird sie siegen

warum

denke ich an Morgen
meine Gedanken
werden sie sich verlieren
mein Wissen wollen
steht es mir im Weg
Warum
denke ich an Morgen
ich spüre keine Ewigkeit
fühle die Weite in deiner Seele
und glaube
würde ich mit dir gehen
wäre ich vielleicht
morgen schon allein
darum
denke ich an Morgen

Eintauchen

in das Meer der Liebe

Schätze bergen

sie machen unsere Herzen reich

unsere Seelen hell

Seelen

banden Träume an bunte Luftballons

sie schwebten mit Gefühl

durch das Himmelblau

fanden Ufer und einen Freund

er nahm sie bei sich auf

irgendwann einmal vielleicht

erzählst mir davon

Bunte Gedanken

gebären ein Gefühl

das mich führen wird

durch den Tag

dieser

nicht mehr in der Ferne wohnt

und diese Farben

sie lassen mich nichts vermissen

Am Meer
trinken Gefühle Kraft
verlieren ihre Traurigkeit
erwachen neu
werden wieder neugierig
auf das Leben
am Meer
kommen die Wellen zum Strand
küssen ihn sanft
und lassen ihn mit Kraft zurück

Wir fanden uns
in einer Zeit der Veränderung
nichts blieb Stein auf Stein
alles wurde abgebaut
und neu errichtet
Frischluft geschnuppert
tat den Seelen gut

Erinnerst du dich noch
an unsere Gefühle
die uns
aus dem Gleichgewicht geschossen
wie auf Kanonenkugeln
flogen sie
durch die Zeit
schlugen beim Anderen ein
machten die Herzen weit auf
Altes kam zurück
und es heilte
Stück für Stück

Meine alten Träume
sind längst verblasst
doch nicht vergessen
erzählen meine Geschichte
manchmal bei Regen
höre ich ihnen noch zu
und frage mich
was haben sie mir bedeutet

Tief in meinem Herz
fühle ich ein Leben
noch unerkannt
meine Seele
schweigt dazu
doch die Seelentür ist offen

Seelen brennen Lichter aus
nackte Seelen schenken sich
Schmerz ausgelöscht
für immer
wie schön wäre das

Meine Träume
sie fühlten dich
haben mein Herz getroffen
im Sturm erobert
doch du liebtest mich nicht
ein Herzensstück
denkt noch an dich
warum auch immer

Vorhang auf
die Show beginnt
so viele sind gekommen
um zu sehen
was gespielt wird
Eintritt frei
kommt nur herein
es sind noch so viele Plätze frei
warum nur

Greifst du nach den Sternen
gib gut acht
sie picken vielleicht
schau meine Seelenhaut
auch ein Missgeschick

Seelenhaut reibt sich auf
Bilder entfliehen
Seelenhände greifen nicht
lassen sie ziehen zum Anderen
der sich nicht mehr kennt

Fragende Blicke
gibt es nicht
nur ein Seelengesicht
es weint und lacht
mahnt und wacht
doch lässt sich nicht begreifen

Steine

erklimmen Seelen

reinigen ihre Haut

lassen sie unbeschwerter leben

Gedankengänge

manchmal zu schwer

Gefühle unerkannt

Hände greifen nach mir

meine Seele verbannt

Du tanzt nicht
du erzählst nicht viel
du schreibst
du liebst mich viel
ich tanze
ich erzähle viel
ich schreibe
ich liebe dich nicht viel

Du liebst mich
hast mich gehalten
auch in dunklen Zeiten
war ich an deiner Seite
doch heute weiß ich nicht mehr
ob ich dich noch liebe

Seele

lies mich eintauchen

in ein Land der Phantasie

führte mich am unsichtbaren Band

durch eine blühende Landschaft

wach

nahm ich alles wahr

Augen drohten zu ertrinken

im Meer der Sehnsucht

Gänsehautgefühl
erblüht auf Seelenhaut
dringt ins Außen
bereit zu empfangen

Schreib ich
meine Gefühle
auf weißes Papier
tropft manchmal
eine Träne mitten hinein
in eine Zeile
geht auf Reisen
mit einem Gefühl
das nur einem
bestimmten Menschen gilt

Schwer
ist das Herz
muss es los lassen
nicht vergessen
sondern gehen lassen

Pinselstriche

an der Wand

erinnern an glückliche Zeiten

Nasen wurden bunt betupft

Herzen malten in Farbe

Manchmal

am Abend vor der Nacht

hatte ich

ein Gefühl in mir wahrgenommen

das so groß war

wie der Erdball selbst

es malte mir Farben in mein Herz

hielt es in diesen Stunden

und versprach

es wird immer so bleiben

Im Meer
Inseln wie grüne Smaragde
liegen in den Wellen
halten Sand in ihren Händen
und doch leben sie hoch

Rosengärten
erblühen im Sonnenschein
man lässt sie mit ihren Dornen stehen
und schaut sie nur gern an
aber du
du bist bei mir

Manchmal

erzählt mir mein Herz

es tut noch weh

ich fühle es und schau zum Himmel

mein Gefühl in mir

dringt hinauf zum Sternenzelt

und wird

durch den hellen Schein erhellt

wenn du mich liebst
dann zeig es mir bitte auch
kleine Risse
in der Seele
füllen sich mit Liebe

Ich brauchte Zeit
um zu lernen
Zeit um zu verstehen
ich war gefangen
im Land der Einsamkeit
doch meine Füße trugen schwer

Bist du ein Träumer
fühlst du dein Leben
erzählt dein Herz Geschichten
halten deine Hände fest
sehen deine Augen alles
spürst du
den leichten Wind auf deiner Haut
erzähl mir doch davon
ich werde fühlen
ob ich glücklich sein könnte

Sternenhell
ein Bild zog am Fenster vorüber
viel zu schnell war es vergangen
Gefühle waren eingeschlafen
Gedanken waren verloren
und dann kamst du

Berühren wir den Horizont
wie weit sind wir gelaufen
berühren wir den Horizont
wo sind wir dann
berühren wir den Horizont
woher kamen wir
halten wir die Sonne fest für immer
spielen mit dem hellen Mond
schauen wir am Horizont in die Welt
sehen wir vielleicht andere Träume
berühren wir den Horizont
wären wir dann angekommen

Geheimer Ort
Lügen erblühen
wir wollten doch lernen
lass uns beginnen

Unendliche Unendlichkeit
wie weit wird sie sein

Die Welt

sie war uns zu groß

wäre es anders

so hätten unsere Träume gelebt

Die Liebe

sie ist ein Gefühl

das einen

um den Verstand bringen könnte

wenn der Andere

sie nicht versteht

Manchmal
möchte ich mit den Störchen ziehen
dahin
wo sie die Wärme spüren
bevor
die Kälte in ihre Herzen dringt
ich sehe die Welt von oben
lass alles zurück
frage mich nur
würde ich wieder kommen

Hatte schon oft
meinen Traum dir anvertraut
du erzähltest von Liebe
alles Lüge
dachte ich doch
du wärst wie ich

Freiheit
mir scheint sie ist alles
was du willst
doch meine Gefühle
suchen ein zu Haus
und das hat Wände
Fenster und Türen
dort würde ich gern
frei von allem Ballast
mit dir leben und lieben

Wärst du der Wind
deine Träume
mit wem würdest du sie teilen
deine Ängste
wem würdest du sie anvertrauen
deine Fragen
wem würdest du sie stellen
deine Liebe
wer bekäme sie geschenkt
deine Tränen
wer dürfte sie dir trocknen
und würdest du dich drehen
wer würde dich vermissen

Der Film in meinen Kopf
Vertrauen fehlt
finde keinen Halt
vieles schwer
manches bleibt ungesagt
warum
gesucht
nein
nur gefunden
die Seele rebelliert
das Herz
verrät keine Gefühle
es war zu spät

Trostlosigkeit

manchmal wohnt sie in der Seele

holt sich Rat beim Herzen

und fühlt seine Schmerzen

nichts fühlen

keine Gedanken prägen

Stille

nur Stille

bis die Trostlosigkeit verwelkt

wie eine Blume

ohne Wasser

Dicke Mauern
beherbergen vieles an Gefühl
ein Kerzenschein erhellt sie
in diesem Dickicht
brennt nieder
das nicht versiegelt werden darf
und irgendwann
die Zeit wird es zeigen
Leichtigkeit

Aus meinem Blick
fielen schon Träume
manchmal
bemerkte ich es nicht einmal
fühlte mich nur leicht
Traurigkeit
war gegangen

Der Wind

sacht

berührte er meine Seele

an einem anderen Tag

brach ein Sturm los

was blieb

ein Bild aus alten Tagen

Hinter Glas
ein Leben ohne Limit
kein Wort
dringt in die Seele
kein Gefühl hält lange an
ein Leben ohne Limit
leben ohne Halt
hinter Glas
will ich nicht sein

Von Marion Jana Goeritz ebenfalls beim Verlag BoD erschienen (BoD Books on Demand, Norderstedt, nähere Informationen finden Sie unter www.BoD.de)

„Liebe für die Seele Band 1"
ISBN 978-3-7357-4045-8

„Liebe für die Seele Band 2"
ISBN 978-3-7357-7734-8

„Seelenweiß"
ISBN 978-3-7347-5769-3

„Seelen essen Liebe gern"
ISBN 978-3-7347-8706-5

„SeelenEngel" ein spiritueller Erfahrungsbericht
ISBN 978-3-7386-2588-2

„SeelenSchlüssel"
ISBH 978-3-7386-3844-8

„Seelenfarben"
ISBN 978-3-7386-3947-6

„Seelenschimmer"
ISBN 978-3-7386-4014-4

„Seelenfinden"
ISBN 978-3-7386-4037-3

„Ein Gefühl meiner Seele"
ISBN 978-3-7386-1506-7

„Seelenfrieden" Danken, Bitten, Entspannung
ein persönlicher Erfahrungsbericht
ISBN: 978-3-7386-4884-3

„Seelenweihnacht"
ISBN: 978-3-7386-5616-9

„Im Land unter dem Regenbogen" Wunderbare
Märchen und unglaubliche Geschichten
ISBN: 978-3-7392-0115-3

„Freddy und seine Geschichten"
ISBN: 978-3-7386-3321-4

„SeelenWorte"
ISBN: 978-3-7392-0455-0

„Herzanker"
ISBN: 978-3-7392-3482-3

„Im Fluss der Liebe"
ISBN: 978-3-7392-3489-2

„Seelenklänge"
ISBN: 978-3-7392-3532-5

„Liebeslied"
ISBN: 978-3-7392-3548-6

„Wahre Traumtänzerin"
ISBN: 978-3-7392-3556-1

„Emilia Sommerfeld"
ISBN: 978-3-7392-3787-9

„Für mich war es Liebe"
ISBN: 978-3-8423-5362-6

„Kaleidoskop"
ISBN: 978-3-8423-5738-9

„Die verzauberte Wiese"
ISBN: 978-3-7412-0772-3

„Seelenbrücke"
ISBN: 978-3-7412-0890-4

„Wetterleuchten"

ISBN: 978-3-7412-2740-0

Weitere Informationen zu Neuerscheinungen
finden Sie immer auf meiner Seite

www.buchkaleidoskop.Reikipraxis-Goeritz.de